AF479506

LA
REPRÉSENTATION
COLONIALE

Communication au Comité de l'Action Républicaine

aux Colonies

PAR

M. H. DE LAMOTHE

PARIS

COMITÉ D'ACTION RÉPUBLICAINE AUX COLONIES FRANÇAISES

8, rue de la Victoire

1909

LA REPRÉSENTATION

COLONIALE

LA REPRÉSENTATION COLONIALE

Communication au Comité de l'Action Républicaine
aux Colonies

PAR

M. H. DE LAMOTHE

PARIS
COMITÉ D'ACTION RÉPUBLICAINE AUX COLONIES FRANÇAISES
8, rue de la Victoire

1909

LA
REPRÉSENTATION
COLONIALE

Communication au Comité de l'Action Républicaine

aux Colonies

PAR

M. H. DE LAMOTHE

(Séance du 28 avril 1909)

MESSIEURS ET CHERS COLLÈGUES,

Tout d'abord, j'ai le devoir de vous renou-
veler les excuses que j'avais adressées par écrit,
il y a bientôt deux mois, à notre Président. A
ce moment, la fâcheuse grippe venait de me
saisir, et, durant six longues semaines, elle
m'a retenu au logis. Pendant cette periode
d'inaction forcée. j'ai pu toutefois consacrer
une partie de mon temps à repasser le sujet
que j'avais promis de traiter devant vous sous
la forme d'une simple causerie, Je n'ai pas tardé
à reconnaître que, si je ne voulais pas abuser
de vos instants, il était nécessaire de limiter
mon programme. C'était le cas ou jamais de
se conformer au précepte de Gambetta et de

sérier les questions. Je ne traiterai donc aujourd'hui que le cas des colonies qui jouissent actuellement de la représentation parlementaire. Quant à celles qui ne l'ont pas encore, nous les considérerons provisoirement comme accomplissant une sorte de noviciat, de stage préparatoire, dont il appartiendra peut-être à la démocratie française d'abréger la durée, mais qu'il ne saurait être question de supprimer brusquement. Plus tard, sans doute, cette question deviendra à son tour une actualité qui appellera des résolutions pratiques. A ce moment, comme aujourd'hui, je me mettrai bien volontiers à votre disposition.

I

Fonctionnement actuel de la représentation coloniale

Avant d'aborder la discussion des arguments invoqués pour et contre la représentation parlementaire de nos possessions d'outre-mer, il peut être utile d'expliquer sommairement ce qu'est en réalité cette représentation, et en quoi, elle diffère dans chaque groupe de colonies représentées.

Algérie comprise, les colonies envoient au Parlement sept sénateurs et seize députés. Les trois départements algériens nomment chacun deux députés et un sénateur ; il en est de même pour chacune des trois anciennes colonies de plantations, Martinique, Guadeloupe et Réunion ; l'Inde française nomme un sénateur et un député ; le Sénégal, la Guyane et la Cochinchine ont droit à un député seulement pour chacune de ces possessions.

Au point de vue de la composition du corps électoral, il existe des différences très importantes entre les divers groupes.

A la Martinique, à la Guadeloupe et à la Réunion, le suffrage universel pour la Chambre des députés, le suffrage à deux et trois degrés pour le Sénat, fonctionnent dans les mêmes conditions qu'en France. La très grande majorité des électeurs est de race noire ou de couleur, mais tous sont soumis aux lois civiles en vigueur dans la métropole. L'idiome maternel de tous les habitants, s'il n'est pas le français de nos villes ou de nos provinces, n'en est pas moins un dérivé moderne de la langue nationale. C'est le pittoresque patois créole, variant d'une colonie à l'autre, mais dont tous les dialectes présentent ce trait commun d'un vocabulaire presque exclusivement français, dont les mots ont été plus ou moins modifiés par la prononciation africaine, avec une syntaxe extraordinairement simplifiée, bien que parfaitement logique. C'est ce qu'un humoriste a appelé « du français désossé ».

Ces mêmes observations s'appliquent à la Guyane, qui, en raison de sa faible population, n'a qu'un député.

Dans l'Inde française, c'est également le suffrage universel qui choisit le député. La procédure pour l'élection du sénateur est compliquée par l'existence de deux listes, l'une dite européenne, l'autre exclusivement indigène, qui concourent à l'élection des municipalités et du Conseil général. Un dixième à peine des électeurs indigènes possède quelque teinture d'instruction primaire française. Sur 280.000 habitants environ, cinq à six mille tout au plus, Européens, Eurasiens (1) et Hindous dits

(1) Métis, à divers degrés, d'Européens et d'Asiatiques « Eurasien » est l'expression qui a prévalu dans l'Inde anglaise. Dans les établissements français, les métis sont communément appelés « Topas ».

renonçants, sont régis par le Code civil de la métropole en ce qui concerne leur statut personnel. Le reste, en très grande majorité, est de religion hindouïste — la forme moderne de l'ancien brahmanisme — et suit les lois de Manou. Vingt à vingt-cinq mille musulmans observent la loi coranique. La division en castes, qu'il serait puéril de chercher à modifier tant qu'elle subsistera dans l'empire anglo-indien, dont nos possessions sont les très modestes enclaves, vient encore ajouter à la complication des rapports légaux et sociaux. Cinq parcelles d'une superficie totale excédant à peine celle du département de la Seine, voilà tout ce qui nous reste de l'empire fondé jadis par le génie de Dupleix.

Au Sénégal, c'est également du suffrage universel que procède l'élection du député ; mais le droit électoral est territorialement restreint aux quatre communes, dites de plein exercice, constituées sur le littoral de la colonie, à savoir : Saint-Louis, Dakar, Rufisque et Gorée, dont la population réunie dépasse actuellement 60.000 habitants. A l'exception de six à sept mille Européens et assimilés (la plupart de ces derniers sont des sang-mêlés ou des chrétiens indigènes), la population est de race noire et de religion musulmane. Elle a conservé son statut personnel; et bien que les écoles primaires commencent à être assez fréquentées, le nombre des électeurs sachant le français est encore très restreint.

Il est à remarquer que, pour ceux des électeurs hindous et sénégalais dont le statut personnel est régi par des lois spéciales, le droit de suffrage constitue un privilège essentiellement local. Ils exercent ce droit dans la colonie; mais ils ne sont pas admis à voter dans la métropole ou dans une autre colonie française, s'ils y transportent leur résidence.

En Cochinchine et en Algérie, le corps électoral se compose uniquement de citoyens français d'origine ou naturalisés. Les indigènes, bien que régnicoles, ne peuvent être admis à l'exercice des droits politiques qu'en passant par les formalités d'une naturalisation qu'ils doivent solliciter et qui ne peut leur être accordée qu'en conformité des dispositions d'un sénatus-consulte de 1865, édicté spécialement pour l'Algérie, mais promulgué en Cochinchine, en 1880, par le premier gouverneur civil de cette colonie, M. le Myre de Vilers. Ils ne peuvent donc participer à aucune élection politique. Toutefois, en Cochinchine, un corps électoral indigène, dont il serait trop long d'exposer ici la composition, nomme six des membres du Conseil colonial de la Cochinchine, composé de 16 conseillers. Il existe également des conseils provinciaux entièrement composés d'indigènes et nommés par les mêmes électeurs.

En Algérie, un corps électoral musulman, numériquement assez restreint, nomme des conseillers municipaux dans les communes de plein exercice. La proportion de ces conseillers ne peut dépasser le nombre de six ni le quart de l'effectif du Conseil. Ces électeurs, renforcés d'éléments tirés des communes mixtes, envoient des délégués aux sections arabes et kabyles des délégations algériennes. Tout récemment, on vient de rétablir l'élection pour le choix des conseillers généraux indigènes des trois départements, dont l'administration s'était, jusqu'à ce jour, réservé la nomination(1). J'ai dit « rétablir » ; car l'élection des conseillers généraux indigènes avait été accordée par décret dans la dernière année du second empire. La réaction arabophobe, qui fut une des plus malheureuses conséquences de l'insurrection, pourtant partielle, de 1871, emporta cette réforme avec les espérances de beaucoup d'autres, qui eussent probablement avancé de plusieurs lustres les progrès de la « conquête morale ».

Le Parlement est depuis longtemps saisi d'une proposition de loi déposée par M. d'Estournelles et quelques-uns de ses collègues, portant suppression de la représentation des colonies proprement dites — c'est-à-dire de celles qui relèvent du Pavillon de Flore. Une proposition nouvelle, provoquée par les derniers incidents de l'Inde, et visant spécialement cettecolonie, a été déposée par M. Colliard, député.

(1) Dans la « Revue Indigène » du 30 avril, postérieurement par conséquent à la présente conférence, M. P. Bourdarie appreciant les résultats de la récente élection des conseillers généraux musulmans dans la province de Constantine, s'étonne à bon droit du petit nombre d'indigènes appelés à y participer (702 électeurs inscrits et 670 votants pour une population musulmane qui dépasse le million). « Dans de telles conditions, conclut-il, ce n'est plus l'élection, mais bien une désignation déguisée. »

Il n'a été fait aucune proposition tendant à supprimer, modifier ou réformer la représentation algérienne, qui pourtant, ainsi que celle de la Cochinchine, s'écarte d'une façon très sensible — arithmétiquement et logiquement parlant — des notions généralement admises sur l'essence et le fonctionnement normal de l'institution du suffrage universel.

II

Les Adversaires de la Représentation

Son importance au point de vue
des Intérêts coloniaux

Le premier mérite de la représentation coloniale au Parlement, c'est d'exister depuis bientôt quarante ans, sans interruption pour l'Algérie, les vieilles colonies et l'Inde, avec une suspension de cinq ans pour la Guyane et le Sénégal — suspension qui fut regardée, non sans raison, comme une revanche de la majorité réactionnaire de l'Assemblée de 1871 contre le républicanisme des députés coloniaux. Les républicains ne sauraient oublier que c'est à l'existence de cette représentation qu'ils doivent le vote qui, en 1875, a définitivement légalisé la forme républicaine du gouvernement. Quant à la Cochinchine, il ne lui manque plus que deux ans pour pouvoir invoquer, elle aussi, la possession trentenaire.

Cette longue possession est un titre qui en vaut bien un autre. Si on détruit la garantie que représente l'institution représentative, il faudra de toute nécessité la remplacer par quelque chose, et ce quelque chose, quoi qu'on puisse dire, on aura de la peine à le trouver.

Je ne parlerai que pour mémoire de la difficulté d'établir une entente à ce sujet parmi les habitants des pays intéressés : ils auraient pourtant, ce semble, quelque droit à être entendus. Les uns préféreront garder ce qu'ils ont — ce sera probablement la grande majorité — les autres se livreront aux fantaisies les plus extraordinaires de leur imagination pour trouver mieux. S'il n'est pas sûr qu'ils apportent des solutions pratiques, il est certain, par contre, que chacun débinera avec acharnement la solution du voisin. Ce n'est pas encore de cette façon-là qu'on apaisera les passions politiques dans nos possessions d'outre-mer ; mais, rassurons-nous : vous verrez que personne ne prendra la peine de les consulter.

Pour quelques-uns des adversaires métropolitains de la représentation coloniale, la suppression est surtout une question d'amour-propre. C'est un « dada » qu'ils ont enfourché, il y a bon nombre d'années, et ils seraient par trop désolés d'en descendre sans avoir atteint leur but. Tel est, par exemple, le cas de M. d'Estournelles de Constant, qui n'a pas cessé de prononcer le « *delenda Carthago* » depuis le jour où il a été admis à siéger dans nos Assemblées parlementaires. Dès 1896 (séance du 9 décembre, Chambre des députés), il critiquait l'éloquence de ses collègues des colonies : « Ces députés coloniaux que, disait-il, nous ferions bien de supprimer... »

Au début de sa campagne, M. d'Estournelles laissait au moins entrevoir que la suppression de la représentation parlementaire pourrait être compensée, pour nos possessions lointaines, par une notable extension des libertés locales, par analogie avec ce qui se pratique dans les colonies anglaises. Nous ne savons pas s'il est resté fidèle à cette conception ; mais il est curieux de rencontrer, parmi ses disciples actuels , des députés qui, comme M. Messimy, affectent de faire bon marché des prérogatives que possèdent encore aujourd'hui les assemblées coloniales. C'est donc le despotisme pur et simple de la bureaucratie métropolitaine qu'on prétend imposer à nos anciennes colonies, sous prétexte d'abus électoraux, dont une bonne part n'ont pu prendre naissance que grâce à la négligence, quelquefois même à la complicité, des représentants des pouvoirs de la métropole. Cela, si l'on n'y met ordre, pourrait tourner assez mal.

On pourrait comprendre, à la rigueur, le droit, pour la métropole, de suspendre le droit de représentation là où l'on en aurait fait un usage par trop scandaleux. Mais ce ne pourrait être qu'une suspension provisoire, dont la durée serait mise à profit pour remettre choses et gens dans le droit chemin. Les Américains viennent de nous donner, à Cuba, un admirable exemple de cette méthode. Il serait peut-être dangereux de les imiter en France, où rien ne dure autant que le provisoire.

Ce qu'il est impossible d'oublier sans danger, c'est que, dans un pays dont les institutions sont basées sur le système représentatif, dans lequel la représentation nationale domine effectivement le pouvoir exécutif, toute collectivité non représentée est une collectivité sacrifiée. Le correctif d'une telle situation se trouve inscrit tout au long dans la Déclaration des droits édictée en 1793 par la Convention Nationale. On ne saurait trop engager nos Parlementaires à relire et à méditer l'article qui s'y rapporte.

Aux premiers rangs de l'escadron sacré dont M. d'Estournelles est le capitaine, on remarque tout d'abord quelques rares survivants de la soi-disant aristocratie créole, descendants impénitents ou mal convertis des planteurs esclavagistes d'antan et dignes héritiers de ceux que Schœlcher appelait jadis les « incorrigibles ». Ces bons patriotes se résigneraient assez aisément à la perte de leurs droits politiques si, du même coup, ils réussissaient à en faire priver les descendants des anciens affranchis. Derrière eux marche la troupe plus bruyante que nombreuse des publicistes ou touristes métropolitains qui ont cru sur parole ces revenants d'un autre âge ; puis vient le peloton des adeptes incompris des doctrines pseudo-philosophiques du feu comte de Gobineau, l'apôtre de la hiérarchie providentielle des races ; on aperçoit, même parmi les serre-files, un certain nombre de parlementaires plus ou moins récemment promus à de hauts emplois coloniaux (1). Ceux-ci ne sont pas les moins emballés ; jadis ils pensaient qu'un député ne saurait avoir trop de moyens à sa disposition pour contrôler et tenir en échec un ministre ; devenus fonctionnaires, ils estiment que leurs administrés, colons ou indigènes, en ont toujours trop pour les contrôler eux-mêmes.

J'admire d'ailleurs ce zèle que déploient d'anciens politiciens de la métropole pour écarter de nos possessions lointaines ce qu'ils appellent « le fléau de la politique ». Quand le renard de la fable demandait à ses confrères de se couper la queue, il avait au moins une excuse : « c'est qu'il avait perdu la sienne à la bataille » ; mais que des renards porteurs d'une queue touffue, exubérante, viennent demander l'ablation de cet ornement chez les autres, c'est ce que le gros bon sens populaire, dans un langage inélégant mais pittoresque, appelle avoir un « fameux culot ».

Si l'on fait trop de politique dans nos vieilles colonies, et quelquefois, reconnaissons-le franchement, de la bien mauvaise politique, c'est parce que, trop souvent — je viens de l'indiquer en passant — ceux dont le principal rôle devrait consister à assurer la sincérité des opérations électorales, ont volontairement fermé les yeux sur les irrégularités les plus graves,

---

(1) Quelqu'un a fait remarquer à l'auteur que son énumération est loin d'être complète. Il faudrait tout au moins y ajouter certains doctrinaires, détracteurs et contempteurs systématiques de toute expansion coloniale. A l'instar du Président Grévy, ils professent que « la France finit à Marseille. »

quand ces irrégularités profitaient à la politique de leur choix, ou simplement à celle qu'ils croyaient avoir reçu mandat de patronner. Quand le corps électoral et ses chefs de file ont vu que la fin justifiait les moyens, que la participation à des fraudes manifestes pouvait même devenir le meilleur des titres à des avancements privilégiés, à des distinctions honorifiques, alors toutes les écluses se sont ouvertes, et les eaux débordées ont enlevé comme fétus de paille les obstacles qu'une timide légalité essayait encore d'opposer au torrent.

Derrière ces coryphées, ces « leaders » de la suppression, se presse la foule des « snobs » pour qui les diatribes anticoloniales sont devenues articles de foi. Il y a là d'ailleurs une manifestation de l'un des traits les plus distinctifs et les plus fâcheux de notre caractère national que définissait fort bien, il y a déjà 64 ans, l'auteur d'un excellent ouvrage sur la colonisation de l'Algérie. « Il n'est pas dans le caractère français, écrivait alors M. Moll, de modifier ou d'améliorer. Dès qu'une chose le blesse, il la repousse et procède à un changement radical, sans examiner si cette même chose, moyennant quelques modifications bien simples, ne serait pas devenue excellente. Pour exprimer mon idée en quelques mots, et par une comparaison, burlesque peut-être mais juste, je dirai que le Français jette son soulier lorsqu'il s'y trouve un grain de sable qui le gêne (1). »

(1) Colonisation et agriculture de l'Algérie, par Moll, 1845.

Il n'y a donc pas lieu de s'étonner si, actuellement, le droit de suffrage colonial n'a pas une bonne presse. En bons Français, au lieu d'examiner les nombreux moyens qui permettraient d'en améliorer le fonctionnement, ses détracteurs préfèrent en réclamer « la mort sans phrases ». Ils se voilent surtout la face à la pensée de l'introduire là où il n'existe pas encore. C'est à lui cependant que nous devons en grande partie l'allégeance très réelle des noirs émancipés de nos vieilles colonies ; c'est l'octroi du droit de représentation aux habitants de l'Inde française qu'alléguait un brahmane fort instruit avec qui je m'entretenais il y a bientôt quatre ans, en visitant la belle pagode de Tanjore, lorsqu'il exprimait le regret que les Français n'aient pas eu le dessus dans leurs luttes pour l'hégémonie de la péninsule.

En ce qui me concerne personnellement, j'ai toujours défendu le principe des institutions représentatives aux colonies, même quand j'avais à me plaindre de l'hostilité ou des préjugés des élus. L'expérience de trois ans que j'ai faite au Congo, celle plus récente que j'ai acquise en Indo-Chine, auront été pour moi la démonstration par le fait de leur absolue nécessité. La députation et les assemblées coloniales sont des armes à deux tranchants : il s'agit de savoir s'en servir. Elles ont blessé plus d'un gouverneur, et en ont même mis hors de combat. Par contre, elles ont servi à d'autres pour défendre avec succès les intérêts dont ils avaient la garde contre les fantaisies quelquefois dangereuses des ministres et de leurs bureaux.

Encore, de mon temps, les bureaux et les fonctionnaires en général suivaient-ils, bon gré, mal gré, les directions qui leur étaient données par l'autorité politique. Je ne sais vraiment pas, du train dont nous allons, si cela dure encore, ou, tout au moins, si cela durera longtemps. Par conséquent, la bonne volonté d'un gouverneur deviendra de moins en moins une garantie suffisante pour ses administrés, si ceux-ci n'ont pas les moyens de s'aider euxmêmes.

Permettez-moi de citer quelques autorités :

Dès 1879, l'amiral Jauréguiberry démontrait au Sénat (séance du 5 avril), à l'occasion du rétablissement de la députation du Sénégal et de la Guyane, que, tant que nous n'accorderons point à nos p ssessions coloniales l'autonomie législative dont jouissent, à divers degrés, les colonies anglaises, il sera à la fois équitable et utile que les colonies soient représentées dans le Parlement où se décident toutes les questions qui les intéressent

M. Duchêne, le distingué sous-directeur de l'Afrique au ministère des Colonies, dans l'étude sur les colonies françaises qu'il a publiée chez Larousse, après avoir exposé comment les affaires coloniales sont centralisées dans les bureaux de l'administration centrale, conclut en ces termes :

« La corrélation nécessaire de cette *centra-*

lisation, c'est, pour les colonies, d'avoir des représentants en France et, par leur intermédiaire, de défendre leurs intérêts près des divers organes du gouvernement. »

Je pourrais continuer et multiplier ces citations, mais votre temps et le mien sont limités. Je tiens d'ailleurs à me cantonner, autant que possible, dans l'examen de considérations d'une actualité politique immédiate. Je puis d'autant mieux le faire, que les arguments de droit commun ont été développés de la façon la plus heureuse par l'éminent professeur d'économie politique de l'Université de Poitiers, dont la plupart d'entre vous connaissent, au moins de ncm, le remarquable ouvrage intitulé : « Principes de colonisation et de législation coloniale. » C'est à la page 208 du second volume de l'édition de 1907 qu'ils pourront trouver l'argumentation de M. Arthur Girault concernant la question de la suppression ou de l'extension de la représentation coloniale au Parlement.

En l'état actuel de nos institutions politiques, le régime représentatif est le seul organisme connu qui puisse assurer l'équilibre entre les pouvoirs des dirigeants et les libertés nécessaires des dirigés. Il ne se confond pas nécessairement avec le régime parlementaire ; mais, si le régime parlementaire est appliqué dans la métropole, il est bien difficile d'en faire fonctionner un autre aux colonies. Si nous avions la constitution des États-Unis, nos colonies pourraient avoir, sans inconvénient, tout au moins à titre transitoire, des constitutions autonomes ressemblant à celle qui a été octroyée aux Philippines. Il faut bien le reconnaître, l'organisme parlementaire est un appareil fort délicat : si un rouage y prend trop d'importance — comme c'est un peu le cas chez nous — la machine se détraque. Mais comment imaginer que les colonies puissent exercer une in-influence réelle sur les actes d'un Ministre qui n'est responsable que devant un Parlement où elles ne seraient pas représentées ?

Tel est le cas actuellement pour Saint-Pierre et Miquelon et pour la Nouvelle-Calédonie. Aussi, c'est parmi les habitants de pure origine française de ces deux colonies que nous avons entendu s'élever, il y a quelques mois, des cris de séparation.

C'est qu'en effet, si l'administration centrale ne parvient pas toujours à régenter à sa guise les colonies qui ont un conseil général et des députés ou sénateurs, elle prend sa revanche aux dépens de celles qui, comme le Congo, Saint-Pierre et Miquelon, la Nouvelle-Calédonie, Taïti, etc., n'ont aucune représentation au Parlement, et dont quelques-unes n'ont même pas d'assemblée locale élective. Pour ces colonies, les bureaux sont quasi souverains, et leur arbitraire n'a guère d'autres limites que celles qu'ils veulent bien s'imposer eux-mêmes. Il n'y a ni décret ni règlement qui tiennent ; quand ils gênent, on les fait changer ; quand on hésite devant des changements officiels dont la publicité même donnerait une base certaine aux réclamations, on les tourne, ce qui, selon certain notaire de comédie, est encore une façon de les respecter.

Admettons, si l'on veut, que, dans les déclamations virulentes dont chaque courrier de Terre-Neuve ou de l'océan Pacifique nous apporte l'écho, il faille faire la part de l'exagération, il reste toutefois assez de faits acquis et prouvés pour nous permettre une conclusion péremptoire : *les pires abus de l'électorat colonial peuvent être regardés comme un élément négligeable en comparaison des abus engendrés par l'absence d'institutions représentatives.*

D'autre part, avec la constitution démocratique de la métropole, basée en fait sur l'omnipotence du Parlement, de simples institutions locales manqueraient d'efficacité. Seule, la représentation parlementaire constitue une garantie réellement sérieuse pour la défense des intérêts moraux et matériels de nos possessions d'outre-mer.

En cessant de faire partie du Parlement, les délégués des colonies — car ce sont des délégués qu'on veut bien nous promettre pour remplacer la représentation actuelle — n'auront plus d'autres recours que l'accès près de la personne du Ministre. Soyez bien certains qu'alors on leur fera faire antichambre ; et cela me rappelle ce mot d'un homme d'État anglais du XVIIIe siècle : « Je préfère la pire des Chambres à la meilleure des antichambres. »

III

La Représentation envisagée comme garantie des droits de la Métropole

On a dit du Parlement de la Grande-Bretagne qu'il est tout-puissant, « excepté pour faire d'un homme une femme et réciproquement. »

Le Parlement français a évidemment, lui aussi, de très grands pouvoirs ; mais ni lui ni son aîné d'outre-Manche ne sont infaillibles, et leurs erreurs peuvent avoir des répercussions aussi graves qu'imprévues.

» *Quidquid delirant reges, plectuntur Achivi.* »

De cet hexamètre, paraphrase latine d'un vers de l'Iliade, un bohème de ma connaissance, qui avait des lettres, proposait un jour cette traduction en langage très vulgaire : « Quand les dirigeants se mettent le doigt dans l'œil, ce sont les dirigés qui écopent. »

Pour empêcher « l'écopage », il est bon, et même nécessaire de donner de temps en temps à nos parlementaires des avertissements désintéressés. Le calme de la retraite me permet aujourd'hui de coordonner, par des vues d'ensemble, les enseignements recueillis au

cours d'une carrière aussi variée que nomade
Je m'en autorise pour prendre la liberté de
leur signaler quelques-unes des conséquences
possibles du « chambardement » colonial dont
on leur propose la consommation.

Posons de suite la question sur son vrai terrain
et demandons-nous quelle sera, en droit public,
la situation des colonies actuellement représentées au Parlement, le lendemain du jour où
leurs députés et sénateurs auront cessé d'y
siéger. Sans remonter trop haut dans l'histoire,
nous trouvons un exemple parfaitement com-
parable : c'est celui des « pays sujets » de certains cantons suisses avant la Révolution
française : Vaud et Argovie, sujets de Berne ;
Tessin, sujet d'Uri ; Valteline soumise aux
Grisons. Je ne m'étendrai pas sur les résultats
lamentables de cette sujétion anormale. Ils
sont exposés tout au long dans les histoires
modernes de la Suisse, et surtout dans les
ouvrages spécialement consacrés aux cantons
formés, en 1798, aux dépens de Berne et d'Uri.
Je me borne à rappeler que les griefs des « pays
sujets » ont inspiré, en grande partie, à Montesquieu l'appréciation sévère formulée dans
« *l'Esprit des lois* », sur les aptitudes conqué-
rantes des républiques. (L. x, ch. vii.)

« Il y a encore, disait ce grand philosophe,
un inconvénient aux conquêtes faites par les
démocraties. Leur gouvernement est toujours
odieux aux Etats assujettis. Il est monarchique
par la fiction ; mais, dans la vérité, il est plus
dur que le monarchique, comme l'expérience

de tous les temps et de tous les pays l'a fait
voir.

« Les peuples conquis y sont dans un état
triste ; ils ne jouissent ni des avantages de la
République ni de ceux de la monarchie. Ce que
j'ai dit de l'Etat populaire se peut appliquer
à l'aristocratie. »

Dans ce dernier paragraphe, Montesquieu
faisait évidemment allusion à l'oligarchie ber-
noise. En 1796, le général Bonaparte venait de
conquérir le Milanais. La Valteline en profita
pour protester contre la domination des Grisons. Le conquérant s'érigea en arbitre de la
situation. A cette époque, il était républicain
— Napoléon n'avait pas encore percé sous Bonaparte — Il ne voulait nullement être désagréa-
ble aux Grisons ; mais il crut devoir les engager
amicalement à admettre la Valteline sur un
pied d'égalité dans la Confédération des Ligues
grises. L'orgueil des Grisons se révolta contre
cette proposition, pourtant si sage. Bonaparte
se souvint sans doute qu'il était Corse, et que
son île natale avait longtemps pâti de la tyran-
nie oligarchique des Génois ; aussi, trouva-t-il
incontinent la réplique à faire : « Un peuple,
dit-il, ne peut être sujet d'un autre peuple. »
La Valteline fut incorporée, du plein consente-
ment de ses habitants, à la république cisal-
pine qui venait de naître. Un an plus tard,
Bonaparte eut à traverser la Suisse pour se
rendre à Rastadt ; les Vaudois l'acclamèrent
avec enthousiasme, en souvenir de cette parole
qui correspondait si parfaitement à leur cas.

La question de l'autonomie fut bientôt posée ; et, les bourgeois de Berne s'étant, comme les Grisons, refusés à toute concession, le pays de Vaud concourut activement à la révolution qui eut pour résultat la destruction de l'ancienne organisation cantonale. La démocratie française du XXe siècle sera-t-elle moins logique que le général Bonaparte ? (1)

En 1814, Berne et Uri réclament le rétablissement de leur suprématie, le Congrès de Vienne le leur refuse. Les nouveaux cantons conservent l'égalité acquise. Le Parlement français se montrera-t-il, à l'égard de nos propres colonies, plus rétrograde que le fut alors la Sainte-Alliance pour ces petites républiques bourgeoises affranchies par la Révolution française ?

Remarquons, en passant, que, dans la Suisse d'avant 1798, il n'y avait pas seulement des « pays sujets », il y avait aussi « des pays alliés ». Ceux-ci conservaient leur autonomie, et ils étaient représentés au conseil de la Confédération, mais dans des proportions moindres et

(1) Devenu premier consul, Bonaparte, dans une circonstance mémorable, sut rester fidéle à ses maximes antérieures. Lors de la cession de la Louisiane aux Etats-Unis, il insista personnellement pour qu'il fut inséré au traité une clause stipulant l'incorporation aussi prompte que possible de la colonie dans l'Union Américaine « d'après les principes de la constitution fédérale » Cette stipulation valut à la Louisiane d'être admise au rang d'Etat dès 1812 ; c'est-à-dire neuf ans après la conclusion du traité du 30 avril 1903, alors que sa population était encore en gran de majorité française, et malgré l'opposition très vive de certains états du nord : tandis que le Nouveau Mexique, annexé à la suite de la guerre de 1847, sans conditions analogues, attend encore cette faveur parce qu'on ne le trouve pas suffisamment américanisé.

avec des droits moins étendus que les confédérés privilégiés. En enlevant le droit de représentation aux colonies, c'est donc bien aux « pays sujets » qu'on les assimile.

Quel principe supérieur un pays républicain pourrait-il invoquer, de nos jours, pour exiger une allégeance vraiment sincère et loyale de la part de collectivités ainsi tenues à l'écart des avantages dont la jouissance est regardée, dans la mère patrie, comme inhérente à la qualité de citoyens ? Alléguera-t-on une sorte de « droit divin » à l'usage particulier des métropoles ? Dans la France du XXᵉ siècle, c'est là une théorie qu'il serait difficile d'exposer sans rire... ou sans faire rire aux dépens de celui qui la défendrait.

Le régime républicain possède assez d'avantages reconnus sur la monarchie pour qu'on puisse, avec Montesquieu, faire crédit à celle-ci de quelques supériorités de détail. C'est ce qu'on oublie trop souvent quand on compare la situation des colonies, dans l'empire britannique, avec celle que nos adversaires voudraient leur faire dans la « plus grande France » de l'avenir.

Dans les pays monarchiques, comme l'Angleterre, il existe un élément permanent commun à la métropole et à ses colonies, mais théoriquement indépendant de l'une et des autres : c'est la personne du souverain héréditaire. Il y a union personnelle entre la Grande-Bretagne et les diverses dépendances de la couronne britannique, sous le sceptre de ce souverain, qui exerce ses pouvoirs, dans chacune des dépendances, conformément à la constitution particulière dont elle a été dotée, une fois pour toutes, par la volonté royale avec le concours du Parlement de Londres. Ce Parlement n'intervient plus ensuite, sauf dans des cas très exceptionnels, que pour élargir les constitutions coloniales dans un sens plus libéral et plus autonome, jusqu'à ce que les dépendances, parvenues au sommet de l'échelle politique, aient obtenu les prérogatives du « self-government » intégral, comme le Canada et l'Australie. A partir de ce moment, c'est la colonie elle-même qui apporte à sa constitution les amendements nécessaires, sous la réserve de l'approbation royale.

Dans une démocratie comme la France, le souverain, c'est le Parlement, puisque c'est lui qui élit le Président de la République. Si nous arrachons aux colonies actuellement représentées dans les chambres métropolitaines le droit qui leur a été conféré, elles sont rejetées par ce fait même hors de la communauté nationale. Aucun lien vraiment légal n'existe plus virtuellement entre elles et la métropole.

Qu'on ne s'y trompe pas : le retrait de la représentation des colonies, c'est une réédition coloniale de la loi du 31 mai 1850. Cette loi, qui mutilait le suffrage universel, a largement contribué à faire accepter par les masses populaires le coup d'Etat napoléonien. N'est-il pas à craindre qu'une loi qui retrancherait les colonies du « pays légal » ne devienne le prélude de leur séparation ?

Cette séparation, elles ne la feront pas évidemment par leurs propres forces — les vieilles colonies surtout — mais il pourra s'y former des partis qui ne resteront pas insensibles aux promesses qui leur viendraient du dehors. Peut-être même, sans aller si loin, chercheront-elles, dans les partis nationaux les plus extrêmes, de droite ou de gauche, les concours et les sympathies que le gouvernement parlementaire leur aura brutalement retirés. C'est déjà parmi les socialistes unifiés que s'élèvent le plus fréquemment les protestations les plus véhémentes, sinon les mieux documentées, contre les abus dont pâtissent les populations indigènes de notre domaine colonial. L'histoire ne nous apprend-elle pas, d'autre part, que l'avènement des Césars, qui dépouilla les anciens citoyens romains de leurs plus précieuses libertés, fut au contraire regardé comme un soulagement par les populations des provinces assujetties ?

L'histoire n'est, en somme, autre chose que l'enregistrement des résultats de l'expérience collective des sociétés humaines. Dans la vie courante. nous avons tous connu des gens qui font fi des leçons de l'expérience individuelle de leurs semblables. Il y a aussi des peuples qui se croient trop haut placés pour que les leçons de l'histoire générale leur soient applicables. Aux uns comme aux autres, la force immanente des choses fait le plus souvent payer très cher cet orgueilleux dédain des lois de la solidarité. Il semble aujourd'hui que, même dans la métropole, le lien du patriotisme ait des tendances à se relâcher. Rien ne serait plus propre à le rompre tout à fait, entre la métropole et ses dépendances d'outre-mer, que la suppression de la représentation coloniale.

Que pourrions-nous répondre à l'habitant natif d'une colonie ainsi « défranchisée », s'il venait nous déclarer qu'il ne se croit plus tenu à aucune sorte de loyalisme envers la métropole ; qu'il entend t'urner ses aspirations là où les appelleront l'intérêt de la petite patrie, sans se préoccuper davantage de ceux de la grande, du moment où celle-ci aura jugé licite et opportun de renier ses propres enfants ?

Si l'on supprime la représentation là où elle existe, si on la repousse là où les intéressés la réclament, il faut, comme les Américains aux Philippines, savoir envisager virilement l'éventualité d'une séparation ultérieure à l'amiable, et même la préparer consciemment par l'essai loyal du self-government le plus étendu.

Il serait curieux, d'ailleurs, qu'on vît la France abandonner le principe de la représentation coloniale au moment même où ce principe prend faveur en Angleterre. Chez nos voisins, les meilleurs esprits perçoivent très clairement que ce principe sera la base nécessaire, le ciment de la fédération « impériale » des possessions britanniques avec leur métropole.

C'est un Canadien français, premier ministre

d'une grande colonie britannique, Sir Wilfrid Laurier, qui a nettement posé la question : « *If you want our aid, call us to your councils* » (1). Remarquez bien que les Canadiens, pas plus d'ailleurs que les Australiens et les autres sujets coloniaux du roi Edouard, n'entendent nullement sacrifier leur autonomie ; seulement, ils se sont très bien rendu compte qu'il est des questions qui intéressent l'empire tout entier — en première ligne, les questions de paix et de guerre — et, s'ils veulent bien donner leur concours à la politique générale de l'empire, dont la puissance même est une garantie de sécurité pour leur communauté particulière, ils tiennent à ne le faire qu'à bon escient, et pour cela, ils prétendent avec raison qu'il faut leur donner voix au chapitre

(1) « Si vous avez besoin de notre aide, appelez-nous dans vos conseils. »

IV

La Représentation Parlementaire

Considérée au point de vue spécial des divers groupes de colonies.

Sans avoir la prétention d'épuiser un sujet qui pourrait fournir aisément la matière d'un volume, je crois avoir suffisamment indiqué les raisons d'ordre général et d'actualité politique qu'on peut invoquer en faveur du maintien de la représentation des colonies au Parlement métropolitain ; mais, précisément parce que d'ordre général, quelques-unes de ces raisons risquent d'encourir le dédain des gens qui, sans être des Napoléon, partagent les sentiments peu sympathiques que professait ce redoutable guerrier à l'égard de ceux qu'il appelait des « idéologues ».

Il y a donc lieu d'examiner à part chacune des catégories dans lesquelles se classent naturellement les colonies représentées. Je m'attacherai surtout à rechercher les causes apparentes ou réelles de la campagne entreprise contre le droit dont elles jouissent. Il s'agit, en effet, avant tout, de dissiper les malentendus et les fausses impressions que cette campagne peut avoir réussi à propager dans l'opinion, aux dépens de l'équité et des véritables intérêts du pays. Je le ferai d'ailleurs aussi brièvement que possible.

Les anciennes colonies

Commençant tout d'abord par le groupe des vieilles colonies de plantation, dont les 500.000 habitants sont représentés à Paris par trois sénateurs et sept députés, je ne vois vraiment pas quel motif avouable on peut invoquer pour leur infliger l'affront que comporterait leur exclusion du Parlement national.

Comme je l'ai indiqué au début, leurs habitants sont soumis à toutes celles des lois françaises qu'on a jugé bon de leur appliquer. S'ils sont actuellement exempts du service militaire, ce n'est vraiment pas de leur faute. Plus d'une fois, en effet, ils ont réclamé — et la Réunion a même obtenu pendant un certain temps — l'application pure et simple du droit commun.

Raison d'économie, dit-on. Acceptons provisoirement, et sous bénéfice d'inventaire, le motif allégué officiellement pour expliquer cette prétendue faveur. Peut-on en tirer argument contre la population créole ? Personne n'oserait vraiment le prétendre.

L'instruction est au moins aussi répandue aux Antilles et à la Réunion, parmi les descendants des affranchis de 1848, qu'elle l'était en France même, au moment où fut décrété le suffrage universel. Les nouvelles générations sont avides de s'instruire ; leurs détracteurs mêmes sont obligés de le constater ; ce n'est donc pas encore de ce côté que peut venir l'objection décisive.

On aurait pu comprendre, au moment de l'émancipation, ou même en 1871, lorsque le droit de suffrage fut restitué aux populations coloniales, que l'exercice de ce droit fût subordonné à des conditions de capacité basées sur un minimum d'instruction primaire. On ne l'a pas fait alors : on comprendrait difficilement que des restrictions de ce genre fussent introduites aujourd'hui, après que nos coloniaux ont parcouru plus de la moitié du chemin. D'ailleurs, il va sans dire que, pas plus dans ce cas que dans tout autre, la loi ne saurait avoir un effet rétroactif. Les électeurs actuels doivent rester inscrits sur les listes, et toute restriction éventuelle ne serait applicable que pour les inscriptions futures. Etant donné le développement de l'enseignement primaire dans les anciennes colonies, il est permis d'affirmer qu'une mesure de ce genre a perdu désormais toute opportunité.

Mais alors...? Faut-il conclure que le vrai motif de la campagne entamée contre l'électorat colonial, c'est celui qu'on n'ose pas formuler trop ouvertement ? Serait-il vrai que, dans certains milieux, même soi-disant républicains, on éprouve une répugnance instinctive à accepter, comme membres réguliers,

authentiques, de la grande famille française,
les habitants des Antilles, de la Guyane et de
la Réunion, tout simplement parce que la
grande majorité de ces habitants sont des Français à peau noire ou tout au moins teintée ?
Le préjugé de couleur, banni des lois depuis
1848, est malheureusement resté très vivace
dans les relations sociales de nos vieilles colonies. La métropole va-t-elle maintenant sous
une forme hypocrite, le consacrer à nouveau
dans ses propres lois ?

La question vaut la peine qu'on y réponde :
je ne ferai pas à cette assemblée l'injure de
croire que les républicains français qui la com-
posent puissent y répondre autrement que
par l'affirmation catégorique du principe de
l'égalité humaine devant la loi et devant la
nation.

Si j'avais plus de temps devant moi, je vous
exposerais l'évolution qui s'accomplit actuellement de l'autre côté de l'Atlantique. Un des
hommes les plus remarquables qu'ait produit
la race noire, Bocker-Washington, constatait
récemment que la tension produite dans les
anciens Etats à esclaves, par l'exagération du
préjugé de couleur, avait, dans ces dernières
années, atteint son maximum. Cette situation
regrettable provenait d'un enchaînement de
complications politiques et sociales, vraiment
exceptionnelles qui, depuis la fin de la guerre
de la sécession, avaient progressivement empiré
les relations entre blancs et hommes de couleur. Et pourtant, cet apôtre des revendications

de ses congénères reconnaissait que, depuis peu, on semblait entrer dans une de ces périodes d'apaisement où la froide raison reprend quelque chance de prévaloir contre les passions et les amers souvenirs du passé. Un célèbre africaniste anglais, Sir Harry Johnston, qui vient d'adresser au « *Times* » de Londres une série de lettres fort remarquables sur la situation de la race noire en Amérique, arrive à des conclusions analogues. Est-il admissible que la démocratie française en vienne à replacer ses colonies dans une situation d'infériorité basée, en fait, sur le préjugé de race, alors que, dans le pays même où la démarcation de couleur (*color line*) est restée socialement inflexible, on s'accorde désormais à reconnaître qu'elle ne saurait être rétablie au point de vue politique ?

Inde française

De l'Inde française, je ne dirai que quelques mots. Le droit de représentation au Parlement a été accordé aux habitants de nos minuscules établissements de la péninsule hindoue en récompense de la fidélité qu'ils nous ont montrée en des temps difficiles. Il y a eu de graves abus commis dans l'exercice de ce droit. Peut-être étaient-ils plus excusables quand ils provenaient du fait d'un « Grand Electeur » indigène que depuis le moment où des politiciens de race blanche ont repris à leur propre compte, en les aggravant par des actes de violence matérielle, les méthodes électorales si amèrement reprochées jadis à feu Chanemougam. Si le Parlement, après une enquête impartiale, croit devoir donner une sanction de pénalité collective au désaveu de ces abus, j'ai déjà dit plus haut qu'on pourrait l'admettre à la rigueur, pouvu que ce fût une sanction temporaire. Je n'attache d'ailleurs à cette sanction éventuelle qu'une importance tout à fait relative, et, surtout, je me garderais bien d'en faire une question de personnes. La mesure législative à intervenir ne pouvant avoir d'effet rétroactif, rien ne saurait empêcher les bénéficiaires actuels de certains mandats, obtenus dans des conditions qu'on commence à connaître, de continuer à en jouir jusqu'au terme fixé par les lois générales.

Personnellement, je persiste à croire qu'il vaudrait beaucoup mieux laisser subsister le droit, et prendre les mesures nécessaires pour assurer la régularité et la sincérité des élections futures. Cela n'est nullement impossible, si le gouvernement métropolitain en a la ferme volonté, et s'il se fait représenter dans l'Inde par des fonctionnaires vraiment résolus à poursuivre, en dehors et au-dessus de toute préférence personnelle, la stricte application de la lettre et de l'esprit des lois qui garantissent la liberté du suffrage.

Quant aux objections tirées du statut personnel spécial de la majorité des votants et de leur degré d'instruction, je m'en occuperai tout à l'heure.

Sénégal

Au Sénégal, on ne saurait parler de scandales électoraux. Les élections, bien que les compétitions aient été parfois très vives, s'y sont constamment passées sans violences et avec un respect de l'ordre public dont certains arrondissements français ne nous donnent pas toujours l'exemple. Il a pu, t* comme ailleurs, s'y produire des irré...arités ; mais celles-ci n'ont jamais affecté le caractère d'une maladie chronique.

S'il est une de nos possessions coloniales que j'aie la prétention de bien connaître, c'est certainement celle-là. J'y suis resté une première fois près de quatre ans, au cours de ma période de service militaire. J'y ai commandé, pendant dix-huit mois, la petite garnison d'un poste qui était alors le terme extrême de notre réseau télégraphique. J'étais arrivé à comprendre un peu l'idiome des traitants ouolofs de l'escale, devenus mes amis. Dix-neuf ans plus tard, je revenais à Saint-Louis comme gouverneur, et mon gouvernement a duré cinq ans, ce qui, sauf une seule exception — celle du colonel Brière de l'Isle — ne s'était pas vu depuis Faidherbe. Eh bien je tiens à rendre ce témoignage à mes anciens compagnons d'armes, à mes anciens administrés : aucune des possessions extérieures de a France ne s'est acquis des titres plus

incontestables aux égards et aux faveurs
de la métropole que cette vieille colonie
du Sénégal, premier noyau de l'immense empire qu'est devenue l'Afrique occidentale française. Comme le disait l'illustre général Faidherbe : « D'autres colonies nous donnent des
produits ; celle-ci nous donne des hommes. »

Si le droit de vote a été accordé en 1871 aux
habitants de Saint-Louis et à ceux des communes fondées il y a un demi-siècle sur le conti-
nent africain par les habitants de Gorée,
trop à l'étroit dans leur île, c'est parce
que, depuis longtemps les « Nit ou N'Dar »
(hommes de Saint-Louis), et les « Nit Berr »
(hommes de Gorée) avaient toujours brillam-
ment combattu aux avant-gardes de toutes
les colonnes expéditionnaires formées pour
défendre nos établissements ou pour les agran-
dir. C'est aux volontaires de Saint-Louis et de
sa banlieue que Faidherbe faisait appel quand
il luttait contre les Maures pour la liberté du
commerce et de la navigation du fleuve. C'est
leur exemple qui a amené graduellement dans
nos rangs les contingents de tous les pays
annexés depuis cette époque.

J'ai assisté, en 1871, à la première élection
législative qui ait eu lieu au Sénégal. Déjà,
je puis vous l'affirmer, nos Sénégalais savaient
fort bien à qui ils donnaient leurs suffrages,
et à qui ils entendaient les refuser. Ils n'étaient
même nullement en peine quand il s'agissait
d'expliquer les raisons de leurs préférences.

Ces pionniers sénégalais, je les ai retrouvés

au Congo, où je me suis efforcé de les utiliser au mieux de leurs aptitudes ; j'ai toujours réclamé, à l'occasion, des récompenses appropriées au dévouement dont ils ne sont jamais avares envers les chefs qui ont su gagner leur confiance.

Si vous le permettez, je vous lirai l'appréciation que je faisais de leur rôle dans une solennité officielle congolaise, le 23 septembre 1898 :

... « Le Sénégalais, disais-je alors, aura été ici, comme en bien d'autres points de l'Afrique, sinon la cheville ouvrière, tout au moins l'un des auxiliaires les plus utiles de notre occupation. Artisan, laptot, tirailleur ou milicien, il aura, comme je le proclamais un jour à Saint-Louis dans une réunion de grands chefs, promené son idiome ouolof, poular ou bambara, jusqu'au point extrême où l'on a porté le drapeau français.

« Ici, à Libreville, civil ou milicien, il nous apparaît sous les dehors de la vie bourgeoise ou de garnison. Son rôle essentiel ne se manifeste que dans les postes de l'intérieur, où sa chéchia produit l'effet salutaire qu'on attribue au tricorne redouté de la gendarmerie sur les grands chemins de la métropole. Qu'il ait acquis toutes les qualités de Pandore, son modèle, je n'oserais l'affirmer ; peut-être est-il de ceux qui estiment que l'autorité a moins de charme, s'il n'est pas permis d'en abuser un peu. Tel qu'il est cependant, bien tenu en main par des agents à la fois fermes et bienveillants, sachant l'apprécier et le conduire, il est encore l'instrument le plus efficace mis à notre disposition pour l'exploration, l'occupation progressive et la pacification de ces immenses espaces que nous reconnaît la géographie, que la diplomatie nous concède, mais que notre influence effective a fort insuffisamment pénétrés. »

Eh bien, Messieurs, connaissant le pays et ses habitants comme je crois les connaître, j'ai le droit et le devoir d'apporter ici une déclaration catégorique : la suppression de la représentation du Sénégal aurait le plus fâcheux retentissement, non seulement dans le périmètre très restreint des communes directement intéressées, mais bien jusqu'aux confins de l'immense territoire qui leur sert aujourd'hui d'hinterland. Cette mesure de réaction, qui passerait certainement pour une mesure de défiance, serait âprement commentée partout où habite un traitant de Saint-Louis ou de Rufisque Elle aurait pour effet immédiat de neutraliser les sentiments de camaraderie militaire, les traditions d'association volontaire et spontanée qui ont fait jusqu'ici notre force dans toute l'Afrique tropicale et équinoxiale. Se dire citoyen français était un sujet d'orgueil pour un habitant des communes du littoral ; et, le sachant, les noirs des autres pays de l'Afrique occidentale française en concluaient que, tôt ou tard, en rendant des services équivalents, eux-mêmes ou leurs descendants obtiendraient le même privilège. C'est ce qui faisait dire à

l'un de mes plus vieux interprètes que « le Sénégalais se regarde comme un Français ou,
tout au moins, comme un Français de deuxième
classe pouvant aspirer à la première. »

Voilà ce qu'on risque de détruire, et qu'il
faut à tout prix conserver.

L'Objection du Statut personnel. — L'ac-
cession des Capacités

Mais, dira-t-on, ces gens sont des musulmans ou des fétichistes, des polygames sous-
traits aux prescriptions de notre Code, inassi-
milés, par conséquent, et probablement inassi-
milables ! Avec quelques variantes, on en dit
autant des habitants de l'Inde française et,
en général, de presque toutes les populations
indigènes de nos possessions d'outre-mer. Ici,
je vais me heurter, je le sais, à un autre travers
de l'esprit français, non moins répandu et tout
aussi tenace que celui qui nous pousse à détruire
au lieu de réformer, ainsi que je le rappelais
au debut de cette conférence. Cette fois, il
s'agit de l'amour immodéré d'unité et d'uni-
formité qu'on reproche à bon droit à notre
race, et qui a souvent compromis son expansion
territoriale. Je ne veux pas m'étendre aujour-
d'hui sur un sujet fort complexe, et dont la discussion sera mieux à sa place quand nous aurons
à traiter ici la question de l'accession graduelle
aux fonctions administratives et aux droits politiques qu'il faudra bien se décider à octroyer

tôt ou tard, à l'élite des indigènes des pays de domination. Je puis toutefois, dès maintenant, vous donner un aperçu très condensé des principes qui, depuis trente ans, m'ont servi de règle de conduite. Cet exposé un peu doctrinal, je l'ai retrouvé récemment dans un carnet de notes déjà vieux de plusieurs années. Il n'a donc pas été rédigé pour les besoins de la cause actuelle. A vous de voir et de dire s'il n'a pas conservé son actualité.

« Il serait oiseux, écrivais-je alors, de discuter la question de l'égalité des races avant d'avoir conçu une notion suffisamment claire des conditions de l'égalité entre individus. Ici, il faut, avant tout, écarter *de plano* la théorie du « bloc ». Dire que les hommes sont naturellement égaux signifie simplement que, dans une société établie en conformité des idées modernes, tout homme doit avoir la possibilité légale de s'élever au niveau social, matériel, intellectuel, de n'importe quel autre homme. On n'a pas réussi à démontrer, bien que la question ait fait verser des flots d'encre, qu'il y ait des races foncièrement et fatalement inférieures ou déchues, incapables d'évolution ou de relèvement. Par contre — on aurait mauvaise grâce à le contester — il y a des races plus ou moins arriérées.

« Des précédents suffisamment nombreux ont établi que des individus appartenant à l'une de ces races arriérées, mais élevés dans des conditions favorables, peuvent atteindre un degré d'évolution les plaçant très au-dessus de la moyenne de leurs congénères. Chez quelques-uns mêmes, se sont révélées des aptitudes au moins égales à celles qui caractérisent des couches déjà fort évoluées de telle ou telle collectivité humaine réputée supérieure. De là dérive, pour un Etat formé de la juxtaposition de plusieurs races, la nécessité, l'obligation morale de faciliter à tous les hommes de valeur équivalente, l'accession aux professions et emplois qui confèrent à ceux qui les exercent le rôle de dirigeants dans la collectivité humaine dont ils font partie.

« Peu importe, d'ailleurs, qu'il s'agisse d'un État indépendant ou d'une dépendance coloniale. Au point de vue du droit individuel, il ne saurait exister entre ressortissants d'un gouvernement moderne, et surtout d'un gouvernement d'essence démocratique, des inégalités permanentes et indélébiles dérivant de l'habitat, de la race, de la couleur ou des croyances religieuses. La conservation d'un statut personnel spécial, sanctionné par des traités, des capitulations, ou maintenu en vertu de nécessités locales, ne peut constituer, pour celui qui s'en prévaut légitimement, une sorte de déchéance morale, un cas d'indignité civique.

« Si, de l'individu, on passe aux collectivités, la question devient plus complexe. Il est bien évident qu'un groupe qui compte une proportion d'un pour cent, par exemple, d'hommes véritablement parvenus à un degré supérieur de civilisation, n'est point dans les mêmes conditions, au point de vue social, que la collectivité qui n'en contient qu'un pour mille et même moins. A nombre égal, ces deux groupes ne sont pas moralement égaux. Ce qu'on est en droit de réclamer en bonne justice, dans le cas où des faits de force majeure — pénétration, protectorat ou conquête — ont amené la juxtaposition, sur un même territoire, de groupes inégalement évolués, c'est que la poignée d'hommes qui forme l'élite du groupe le moins avancé jouisse individuellement des mêmes avantages sociaux et politiques, ait accès aux mêmes carrières que les individus pareillement ou parallèlement qualifiés du groupe le mieux partagé. La plus avancée des deux races participera donc, pendant une période plus ou moins longue, à la direction des destinées de la communauté dans une proportion bien supérieure à celle que lui assignerait, dans des conditions normales, son importance numérique : c'est là un assez bel avantage pour qu'elle sache s'en contenter.

« Il est également évident que, le plus souvent, ces deux collectivités ne pourront être dotées immédiatement — ni même à bref délai — d'institutions strictement identiques. Il faut savoir renoncer ici aux théories absolues d'unification administrative et législative, si chères aux peuples depuis longtemps centralisés, et tout particulièrement à ceux qui s'inspirent des traditions romaines. Si, par exemple, le groupe le plus avancé jouit du suffrage universel, il pourra craindre avec raison de voir dénaturer le fonctionnement de ses institutions

par la brusque intrusion de masses ignorantes,
incapables de les comprendre et de les prati-
quer. Il est donc parfaitement légitime qu'on
impose aux individus de la race la moins évo-
luée, avant de les admettre à l'exercice des
droits politiques, des conditions de minimum
d'instruction et la connaissance de l'idiome
admis comme langue officielle. Encore peut-il
y avoir intérêt, dans certains cas — surtout au
début — à ce que le pouvoir modérateur —
souverain ou métropole — assure au groupe
retardataire un minimum de participation
proportionnelle à la gestion des affaires publi-
ques. On évitera de la sorte qu'une poignée de
fonctionnaires et de colons de la race dominante,
formant la majorité du « pays légal », en vienne
à peser trop lourdement sur la masse politi-
quement mineure, et puisse songer à perpétuer,
par des procédés artificiels, la durée de son
privilège. »

Les considérations qui précèdent éclairent,
je crois, avec une clarté suffisante, le point de
vue auquel je me suis constamment placé,
depuis trente et quelques années, toutes les
fois qu'il m'a été donné d'aborder la question
de l'électorat dans nos possessions d'outre-mer.

Je ne puis me résigner à admettre que l'exercice des droits politiques et la jouissance des
libertés les plus nécessaires restent étroite-
ment subordonnés à l'octroi d'une naturalisation personnelle, comportant l'adoption inté-
grale de la législation civile en usage dans la
métropole. Par contre, j'admets fort bien des

conditions de capacité et de minimum d'instruction. J'ai expliqué plus haut que des précautions de ce genre seraient tardives et désormais superflues en ce qui concerne les Antilles, la Guyane et la Réunion. Le cas n'est plus tout à fait le même pour l'Inde et le Sénégal ; mais, s'il peut être nécessaire d'y introduire certaines conditions destinées à mieux assurer la sincérité des élections, il doit être bien entendu que ces exigences nouvelles porteront uniquement sur l'avenir et n'enlèveront leurs droits acquis à aucun de ceux qui jouissent actuellement de l'électorat. J'avais fait élaborer, en 1892, par le Conseil privé du Sénégal, un projet de réforme établi sur ces bases. Il doit se trouver enfoui quelque part dans un carton du Pavillon de Flore.

La Cochinchine. — L'Algérie

Les mêmes considérations générales que je viens d'exposer me permettent d'être très bref en ce qui concerne la Cochinchine. Dans cette colonie, l'octroi de la représentation à la Chambre des députés (décret du 28 juillet 1881) a été certainement prématuré. Pour accorder la représentation à un territoire colonial, il faut qu'il y ait possibilité d'y former un corps électoral où le nombre des citoyens, ayant des intérêts permanents dans le pays, dépasse, dans une proportion suffisante, celui des électeurs de passage. Tel n'était certes pas, tel

n'est pas encore aujourd'hui le cas de la Cochinchine. Dès le premier moment, d'ailleurs,
on semble s'être arrangé de façon à ce que ce cas
ne puisse jamais se produire. Au lieu d'assurer, sous des garanties suffisantes de moralité
et d'instruction, l'accession en quelque sorte
automatique des capacités indigènes à l'exercice des droits reconnus aux Européens, on
préféra promulguer en Cochinchine le sénatus-
consulte de 1865 sur la naturalisation des
indigènes musulmans d'Algérie. Ce fut là une
faute capitale dont, je le crains, nous ressen-
tirons longtemps les conséquences. Encore
faut-il observer que, d'après les propres décla-
rations de M. le Myre de Vilers, « la naturalisation
était offerte à tous les indigènes capables de
comprendre et de remplir les droits de citoyen ».
Il a bientôt fallu en rabattre. Les privilégiés
du « pays légal », l'administration elle-même,
se sont vite effrayés de l'éventualité d'une
accession trop rapide de l'élément indigène
aux droits et prérogatives du citoyen français.
Il paraît que, pendant les cinq ans du gouvernement de M. Doumer, il n'aurait été accordé
que cinq naturalisations d'Annamites, et qu'il
en aurait été accordé moins encore pendant
les cinq ans du gouvernement de M. Beau.
J'ai eu l'occasion, quand j'étais lieutenant-
gouverneur de la Cochinchine, de protester
officiellement — sans aucun succès d'ailleurs
— contre cette façon d'entraver, de nullifier
par voie administrative, l'application d'une
disposition légale non abrogée.

Lors de l'élection législative de 1906, parmi les 2.831 électeurs incrits sur les listes électorales de la Cochinchine, figuraient seulement une soixantaine d'Annamites naturalisés. C'est avec une certaine amertume que l'Annamite instruit compare ce chiffre infime avec l'influence exorbitante que l'admission de droit dans le « pays légal » a conféré à un autre élément asiatique, c'est-à-dire au bataillon sacré des électeurs originaires de l'Inde française, citoyens *pleno titulo*, en vertu de leur renonciation à leur statut personnel, et dont les 330 voix ont plus d'une fois décidé le sort des élections politiques.

Est-ce à dire que je consentirais à la suppression de la députation de la Cochinchine ou de celle de l'Algérie, qui présente des anomalies non moins choquantes, au détriment de l'élément indigène ? Notre collègue M. Sévère a rappelé ici une boutade de l'actuel Président du Conseil : M. Clémenceau aurait dit ou écrit que « ce n'est pas la représentation des anciennes colonies qu'il faudrait supprimer, mais bien celle de l'Algérie ». Je me hâte de déclarer que toute mesure de ce genre m'apparaîtrait comme une lamentable erreur. Le remède aux inconvénients, aux injustices du système électoral actuel, je le chercherai uniquement dans l'accession des capacités indigènes à l'exercice des droits politiques. Cette mesure, je la crois à la fois nécessaire et suffisante, ce qui est le caractère essentiel des réformes de bon aloi.

Conclusions

Il est temps de conclure, et je conclus :

La représentation au Parlement ne serait-elle qu'un lien purement moral, qu'il faudrait se garder soigneusement de le rompre. Il nous faut beaucoup de ces liens-là — diffusion de la langue, communauté d'éducation, libre accession aux emplois, etc. — pour neutraliser l'action des forces centrifuges qui travaillent à affaiblir les anciennes traditions d'allégeance, alors surtout que les rapports, purement matériels — tarifs douaniers établis dans l'intérêt exclusif de quelques industriels métropolitains, législation privilégiée de la race dominante, fiscalité outrancière et maladroite, administration par une bureaucratie beaucoup trop satisfaite d'elle-même pour s'appliquer à satisfaire ses administrés — tendent à élargir chaque jour davantage le fossé qui nous sépare de nos concitoyens, sujets et protégés d'outre-mer.

Dans le cas particulier de nos vieilles colonies, quel que soit le régime politique futur — assimilation pure et simple ou autonomie relative — qui leur est réservé, il est d'ailleurs un point sur lequel le parti républicain français doit rester intransigeant et inébranlable : c'est qu'il ne doit y être accordé aucun privilège, ucun avantage légal à une catégorie quelconque 'habitants — et, par réciprocité, il ne devra être infligé aucune exclusion — pour des raisons d'origine et de couleur. Sinon, il sera permis de dire qu'on les aura fait reculer de plus de cinquante ans.

Je propose donc à l'assemblée de vouloir bien adopter la résolution suivante :

« Le Comité d'Action républicaine aux colonies proteste, au nom des principes républicains, et dans l'intérêt même de la conservation de notre domaine d'outre-mer, contre toute proposition tendant à la suppression ou à l'amoindrissement de la représentation coloniale actuellement existante.

« Réservant pour une discussion ultérieure la question de l'extension de cette représentation aux colonies qui n'en jouissent pas encore, il insiste en outre pour que le Parlement mette à l'étude, dans le plus bref délai possible : 1° un ensemble de mesures destinées à assurer la régularité et la sincérité des élections ; 2° une législation favorisant l'accession des indigènes civilisés de nos possessions anciennes ou récentes à l'exercice des droits politiques, sous telles conditions de capacité et d'instruction qui seront jugées nécessaires.